AF187635

Impressum
Verlag: BABADADA GmbH, Nedderfeld 112 , 22529 Hamburg
Geschäftsführer / Verlagsleitung: Harald Hof
Druck: Books on Demand GmbH, In de Tarpen 42, 22848 Norderstedt

Imprint
Publisher: BABADADA GmbH, Nedderfeld 112 , 22529 Hamburg, Germany
Managing Director / Publishing direction: Harald Hof
Print: Books on Demand GmbH, In de Tarpen 42, 22848 Norderstedt

школа

colegio

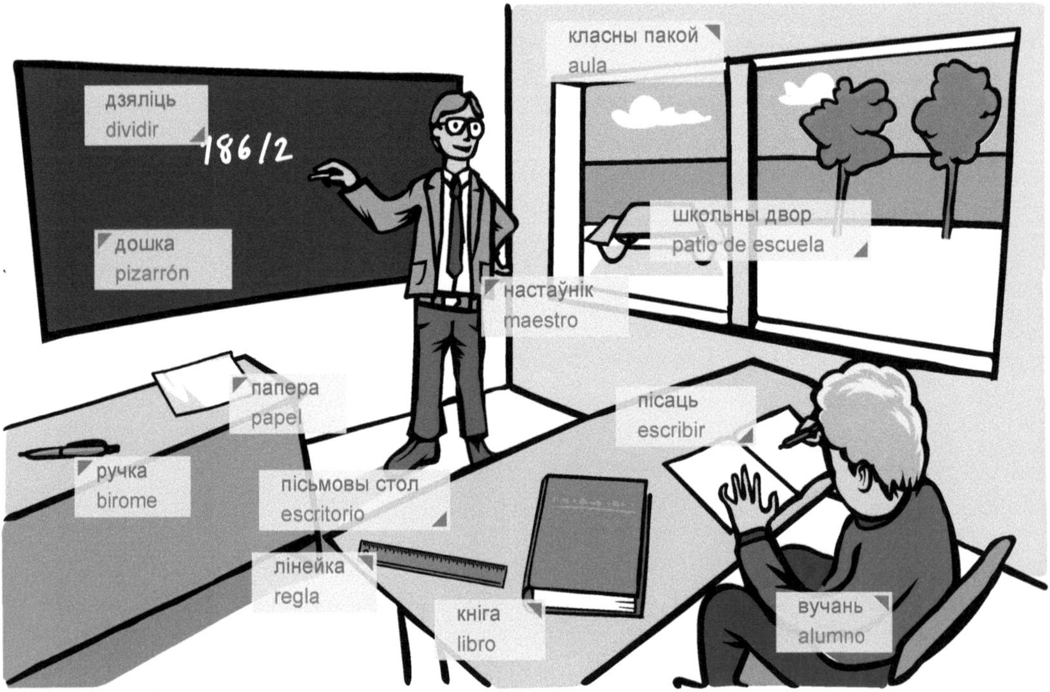
класны пакой
aula
дзяліць
dividir
186/2
школьны двор
patio de escuela
дошка
pizarrón
настаўнік
maestro
папера
papel
пісаць
escribir
ручка
birome
пісьмовы стол
escritorio
лінейка
regla
кніга
libro
вучань
alumno

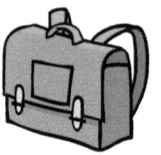

ранец

mochila

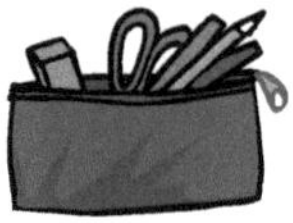

пенал

caja de lápices

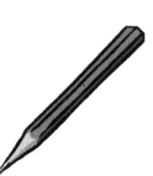

просты аловак

lápiz

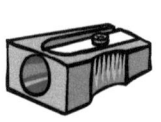

тачылка для алоўкаў

sacapuntas

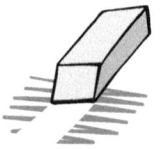

гумка

goma (de borrar)

альбом для малявання

bloc de dibujo

малюнак

dibujo

пэндзлік

pincel

фарбы

caja de pinturas

нажніцы

tijera

клей

pegamento

сшытак

cuaderno de ejercicios

хатняе заданне

tarea

лік

número

2+2

дадаваць

sumar

адымаць

restar

множыць

multiplicar

лічыць

calcular

літара

letra

алфавіт

abecedario

слова

palabra

тэкст

texto

чытаць

leer

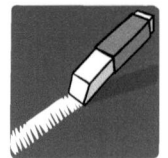

крэйда

tiza

ўрок

lección

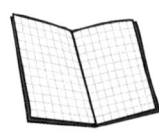

класны журнал

cuaderno de clase

экзамен

examen

атэстат

certificado

школьная форма

uniforme escolar

адукацыя

educación

энцыклапедыя

enciclopedia

універсітэт

universidad

мікраскоп

microscopio

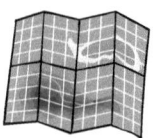

карта

mapa

смеццевы кошык

tacho (de basura)

падарожжа

viaje

гатэль
hotel
Grand
хостэл
hostel
ROOMS
абменны пункт
casa de cambio
CHANGE
чамадан
valija
аўтамабіль
auto

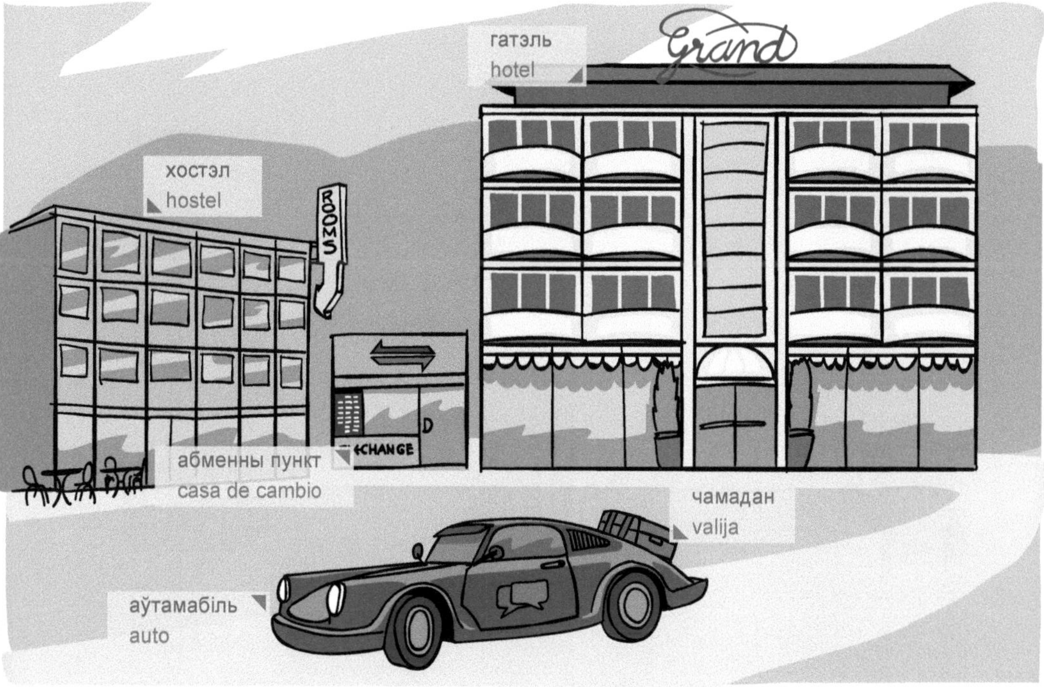

мова

idioma

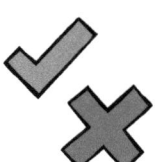

так / не

sí / no

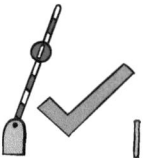

добра

Está bien

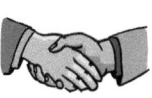

прывітанне!

hola

перакладчык

traductor

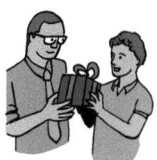

дзякуй

Gracias

Колькі каштуе....?
¿cuánto cuesta...?

я не разумею
No entiendo

праблема
problema

Добры вечар!
¡Buenas tardes!

Добрай раніцы!
¡Buenos días!

Дабранач!
¡Buenas noches!

да пабачэння
adiós

кірунак
dirección

багаж
equipaje

сумка
bolso

заплечнік
mochila

госць
invitado

пакой
habitación

спальны мяшок
bolsa de dormir

палатка
carpa

інфармацыя для турыстаў

información turística

пляж

playa

крэдытная картка

tarjeta de crédito

снеданне

desayuno

абед

almuerzo

вячэра

cena

праязны білет

pasaje

ліфт

ascensor

паштовая марка

sello

мяжа

frontera

мытня

aduana

пасольства

embajada

віза

visa

пашпарт

pasaporte

транспарт
transporte

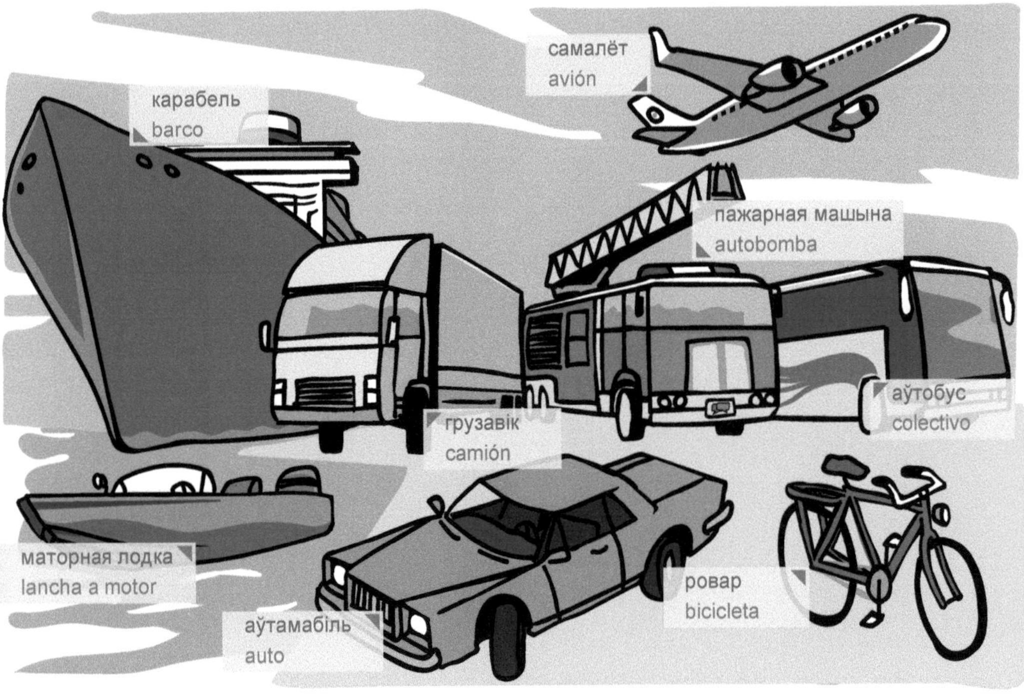
самалёт
avión
карабель
barco
пажарная машына
autobomba
аўтобус
colectivo
грузавік
camión
маторная лодка
lancha a motor
ровар
bicicleta
аўтамабіль
auto

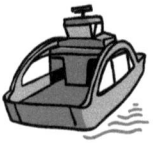

паром

ferry

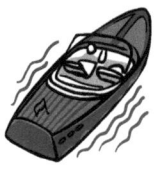

лодка

bote

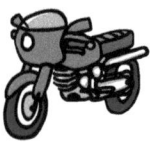

матацыкл

moto

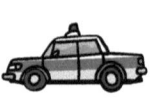

паліцэйская машына

patrullero

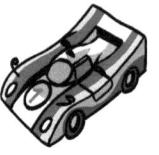

гоначны аўтамабіль

auto de carreras

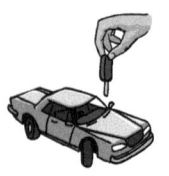

арэндаваны аўтамабіль

auto de alquiler

сумеснае карыстанне
аўтамабілем

alquiler de autos

эвакуатар

grúa

смеццявоз

camión de basura

матор

motor

паліва

nafta

запраўка

estación de servicio

дарожны знак

señal de tránsito

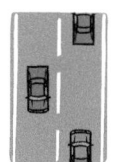

дарожны рух

tránsito

затор

embotellamiento

паркоўка

estacionamiento

чыгуначная станцыя

estación de tren

рэйкі

vías

цягнік

tren

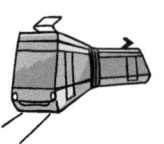

трамвай

tranvía

вагон

vagón

верталёт

helicóptero

аэрапорт

aeropuerto

вежа

torre

пасажыр

pasajero

кантэйнер

contenedor

кардонная скрыня

caja de cartón

тачка

carretilla

карзіна

canasta

ўзлятаць / прызямляцца

despegar / aterrizar

горад

ciudad

вёска

pueblo

цэнтр горада

centro de ciudad

дом

casa

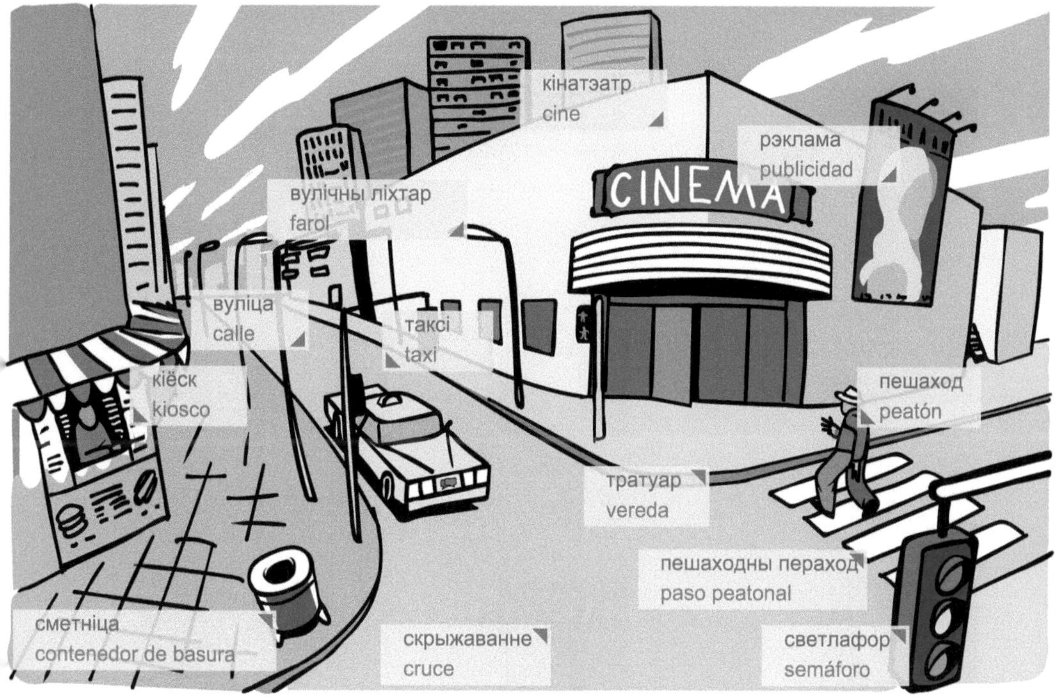

кінатэатр
cine

рэклама
publicidad

вулічны ліхтар
farol

CINEMA

вуліца
calle

таксі
taxi

кіёск
kiosco

пешаход
peatón

тратуар
vereda

пешаходны пераход
paso peatonal

сметніца
contenedor de basura

скрыжаванне
cruce

светлафор
semáforo

халупа
cabaña

кватэра
departamento

чыгуначная станцыя
estación de tren

ратуша
municipalidad

музей
museo

школа
colegio

універсітэт

universidad

банк

banco

шпіталь

hospital

гатэль

hotel

аптэка

farmacia

офіс

oficina

кнігарня

librería

крама

negocio

кветкавая крама

florería

супермаркет

supermercado

кірмаш

mercado

універмаг

grandes tiendas

рыбная крама

pescadería

гандлевы цэнтр

centro comercial

порт

puerto

парк

parque

лава

banco

мост

puente

лесвіца

escaleras

метро

subte

тунэль

túnel

прыпынак

parada del colectivo

бар

bar

рэстаран

restaurante

паштовая скрыня

buzón

вулічны паказальнік

letrero

паркамат

parquímetro

заапарк

zoológico

басейн

pileta

мячэць

mezquita

сядзіба
granja

забруджванне
навакольнага асяроддзя

contaminación

могілкі
cementerio

царква
iglesia

пляцоўка для гульні
juegos infantiles

храм
templo

краявід

paisaje

ліст
hoja

паказальнік
poste indicador

дарога
camino

луг
pradera

камень
piedra

дрэва
árbol

падарожнік
excursionista

рака
río

трава
hierba

кветка
flor

даліна
valle

гара
montaña

возера
lago

лес
bosque

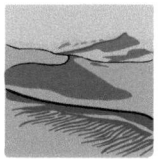

пустыня
desierto

вулкан
volcán

замак
castillo

вясёлка
arco iris

грыб
champiñón

пальма
palmera

камар
mosquito

муха
mosca

мурашка
hormiga

пчала
abeja

павук
araña

жук

escarabajo

жаба

rana

вавёрка

ardilla

вожык

erizo

заяц

liebre

сава

lechuza

птушка

pájaro

лебедзь

cisne

дзік

jabalí

алень

ciervo

лось

alce

плаціна

presa

вятрак

aerogenerador

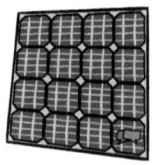

сонечная батарэя

panel solar

клімат

clima

рэстаран
restaurante

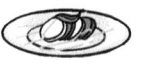

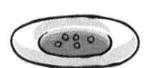

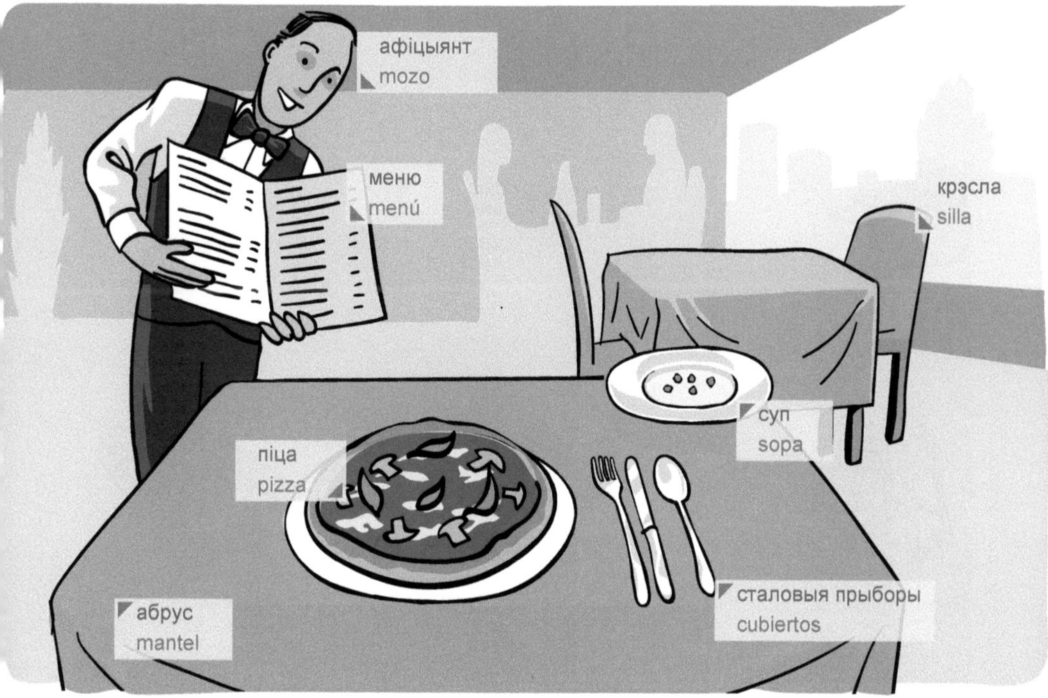
афіцыянт
mozo
меню
menú
крэсла
silla
суп
sopa
піца
pizza
сталовыя прыборы
cubiertos
абрус
mantel

закуска

entrada

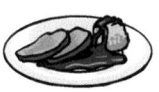

другая страва

plato principal

дэсерт

postre

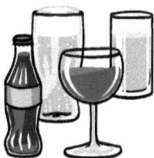

напоі

bebidas

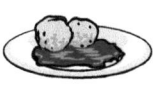

ежа

comida

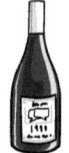

бутэлька

botella

хуткае харчаванне (фаст-фуд)

comida rápida

стрыт-фуд

comida callejera

імбрык (чайнік)

tetera

цукарніца

azucarera

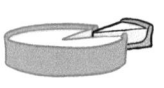

порцыя

porción

эспрэса-машына

cafetera expreso

дзіцячае крэселка

sillita alta

рахунак

cuenta

паднос

bandeja

нож

cuchillo

відэлец

tenedor

лыжка

cuchara

чайная лыжка

cucharita

сурвэтка

servilleta

шклянка

vaso

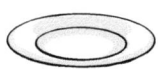

талерка

plato

супавая талерка

plato hondo

сподак

plato

соус

salsa

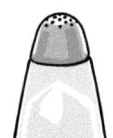

сальніца

salero

млынок для перцу

molinillo de pimienta

воцат

vinagre

алей

aceite

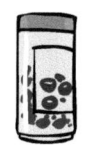

спецыі

especias

кетчуп

kétchup

гарчыца

mostaza

маянэз

mayonesa

супермаркет

supermercado

акцыя
oferta especial
FOR
пакупнік
cliente
малочныя прадукты
lácteos
садавіна
fruta
вазок
changuito

BUTCHERS

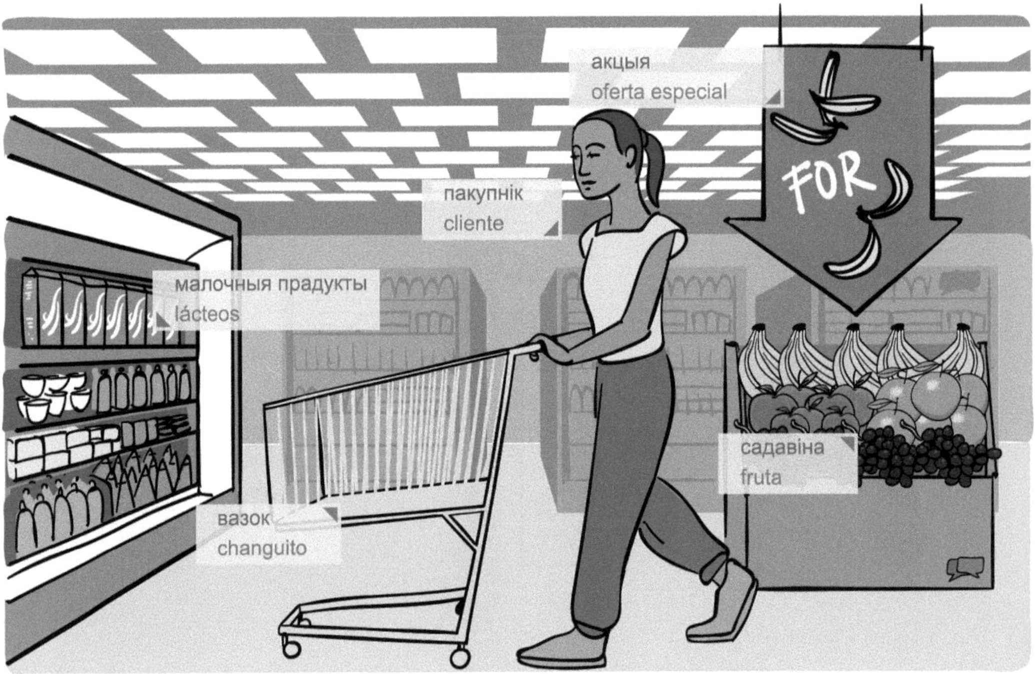

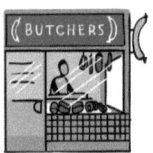

мясная крама

carnicería

BAKERY

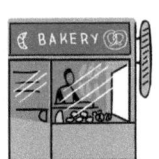

хлебны магазін

panadería

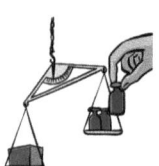

важыць

pesar

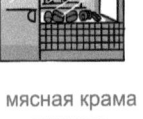

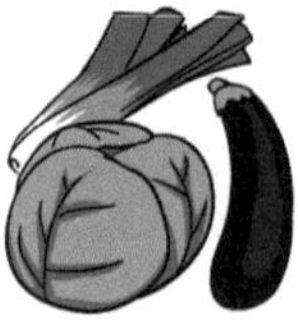

гароднiна

verduras

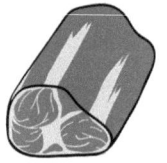

мяса

carne

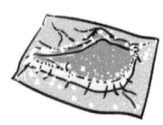

свежазамарожаныя прадукты

alimentos congelados

нарэзка

fiambres

кансервы

alimentos enlatados

пральны парашок

detergente en polvo

прысмакі

golosinas

хатнія прылады

electrodomésticos

чысцячы сродак

productos de limpieza

прадавец

vendedora

каса

caja

касір

cajero

спіс пакупак

lista de compras

гадзіны працы

horario de atención

бумажнік

billetera

крэдытная картка

tarjeta de crédito

сумка

cartera

пакет

bolsa de plástico

вада

agua

сок

jugo

малако

leche

кола

bebida cola

віно

vino

піва

cerveza

алкаголь

alcohol

какава

cacao

гарбата (чай)

té

кава

café

эспрэса

café expreso

капучына

cappuccino

банан

banana

яблык

manzana

апельсін

naranja

дыня

melón

лімон

limón

морква

zanahoria

часнок

ajo

бамбук

bambú

цыбуля

cebolla

грыб

champiñón

арэхі

nueces

локшына

fideos

спагеці

tallarines

рыс

arroz

салата

ensalada

бульба фры

papas fritas

смажаная бульба

papas fritas

піца

pizza

гамбургер

hamburguesa

бутэрброд

sándwich

шніцаль

churrasco

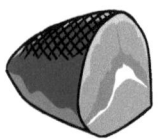

вяндліна

jamón

салямі

salame

каўбаса

salchicha

курыца

pollo

смажаніна

asado

рыбак

pescado

ежа - comida

аўсяныя камякі

copos de avena

мюслі

muesli

кукурузныя шматкі

copos de maíz

мука

harina

круасан

medialuna

булачка

pancito

хлеб

pan

тост

tostada

пячэнне

galletitas

масла

manteca

тварог

cuajada

пірог

torta

яйка

huevo

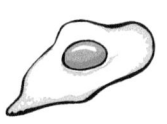

яечня

huevo frito

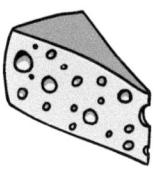

сыр

queso

ежа - comida

марожанае

helado

цукар

azúcar

мёд

miel

варэнне

mermelada

нуга

pasta de chocolate

кары

curry

сядзіба
granja

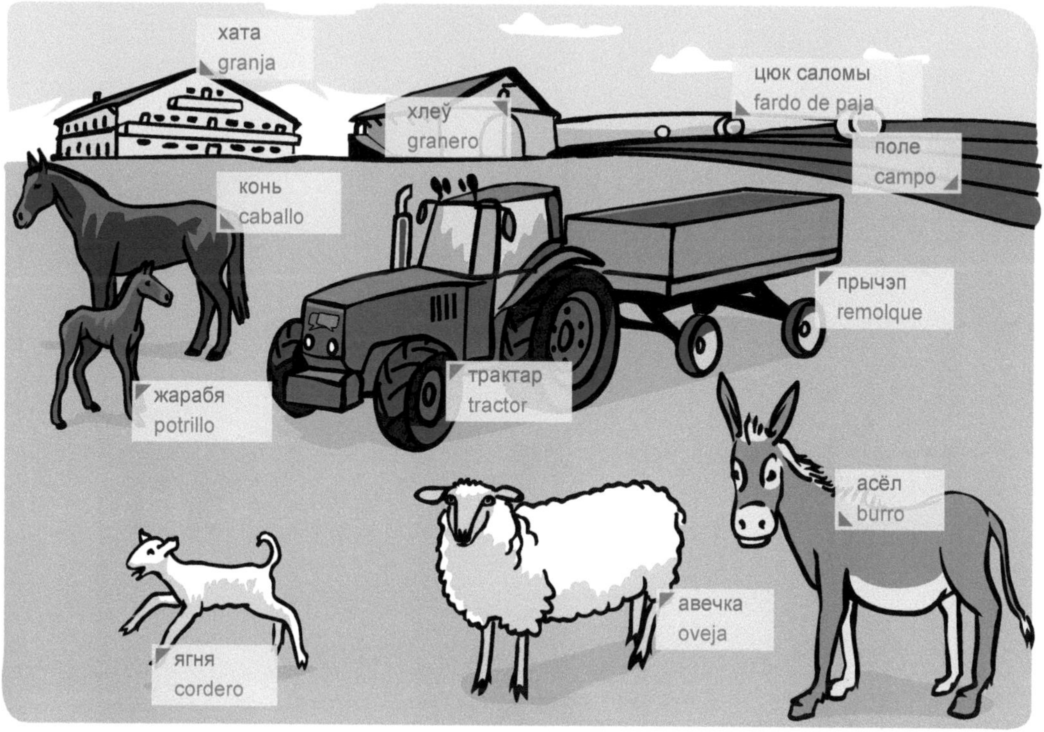

хата
granja
хлеў
granero
цюк саломы
fardo de paja
поле
campo
конь
caballo
прычэп
remolque
жарабя
potrillo
трактар
tractor
асёл
burro
авечка
oveja
ягня
cordero

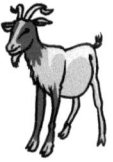

каза
cabra

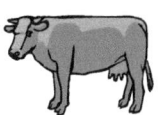

карова
vaca

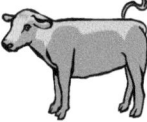

цяля
ternero

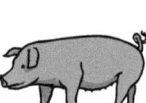

свіння
cerdo

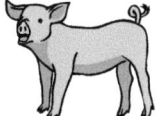

парася
lechón

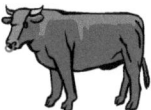

бык
toro

гусак

ganso

качка

pato

кураня

pollo

курыца

gallina

певень

gallo

пацук

rata

кот

gato

мыш

ratón

вол

buey

сабака

perro

сабачая будка

cucha

садовы шланг

manguera

палівачка

regadera

каса

guadaña

плуг

arado

серп
hoz

матыка
azada

вілы для гною
horquilla

сякера
hacha

тачка
carretilla

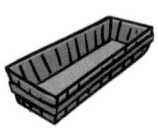

карыта
abrevadero

бітон для малака
lechera

мех
bolsa

плот
reja

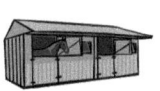

хлеў
establo

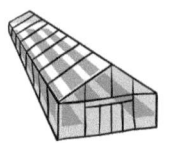

цяпліца
invernadero

глеба
suelo

насенне
semilla

угнаенне
fertilizador

камбайн
cosechadora

збіраць ураджай

cosechar

ураджай

cosecha

ямс

batatas

пшаніца

trigo

соя

soja

бульба

papa

кукуруза

maíz

рапс

semilla de colza

садовае дрэва

árbol frutal

маніёк

mandioca

збожжа

cereales

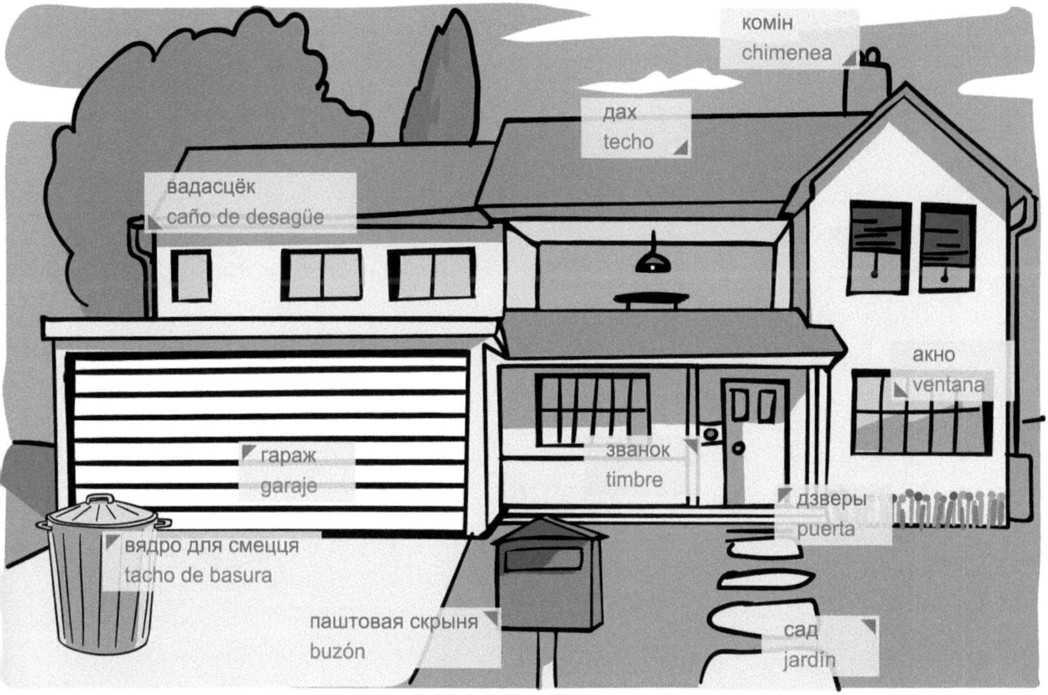

комін
chimenea

дах
techo

вадасцёк
caño de desagüe

акно
ventana

гараж
garaje

званок
timbre

дзверы
puerta

вядро для смецця
tacho de basura

паштовая скрыня
buzón

сад
jardín

жылы пакой
living

ванная
baño

кухня
cocina

спальны пакой
dormitorio

дзіцячы пакой
cuarto de los chicos

сталоўка
comedor

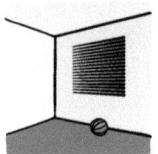

падлога

piso

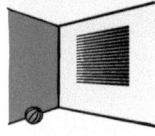

сцяна

pared

столь

cielorraso

падвал

sótano

саўна

sauna

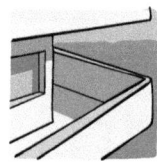

балкон

balcón

тэраса

terraza

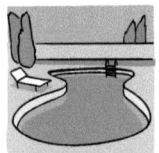

басейн

pileta

касілка

cortadora de pasto

падкоўдранік

sábana

коўдра

acolchado

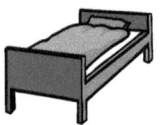

ложак

cama

венік

escoba

вядро

balde

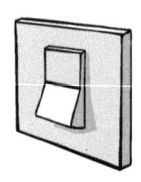

выключальнік

interruptor

дом - casa

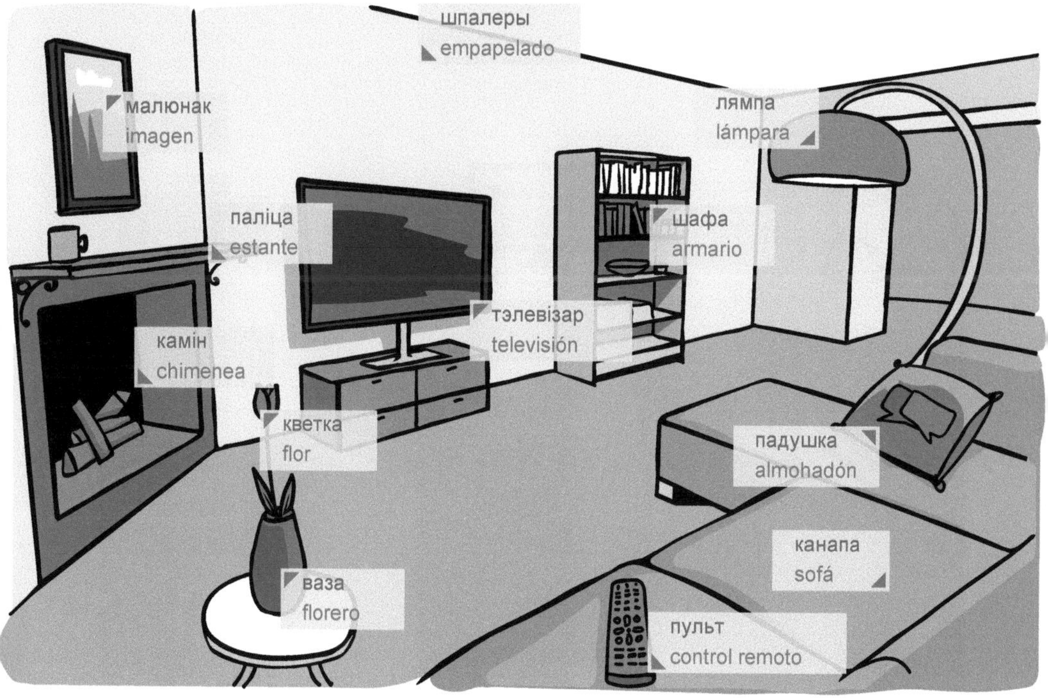

шпалеры
empapelado

малюнак
imagen

лямпа
lámpara

паліца
estante

шафа
armario

камін
chimenea

тэлевізар
televisión

кветка
flor

падушка
almohadón

ваза
florero

канапа
sofá

пульт
control remoto

дыван
alfombra

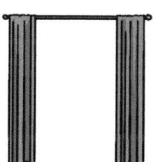

фіранка
cortina

стол
mesa

крэсла
silla

крэсла-качалка
mecedora

крэсла
sillón

кніга

libro

коўдра

frazada

дэкарацыя

decoración

дровы

leña

кіно

película

стэрэасістэма

equipo de música

ключ

llave

газета

diario

карціна

pintura

постар

póster

радыё

radio

нататнік

cuaderno

пыласос

aspiradora

кактус

cactus

свечка

vela

кухня

cocina

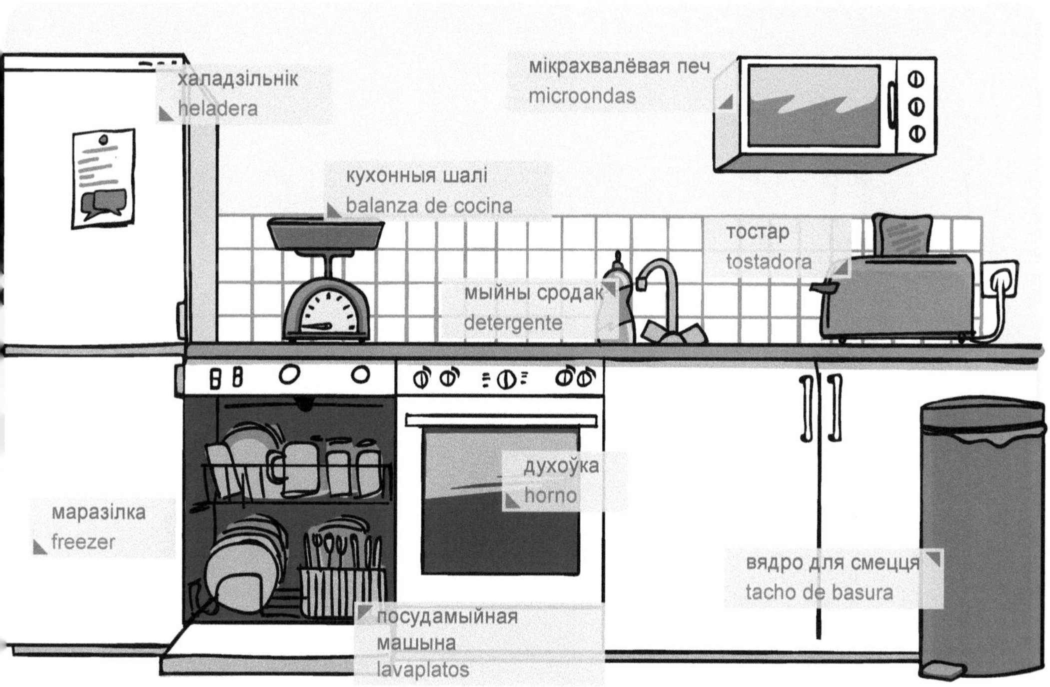
халадзільнік
heladera
мікрахвалёвая печ
microondas
кухонныя шалі
balanza de cocina
тостар
tostadora
мыйны сродак
detergente
духоўка
horno
маразілка
freezer
вядро для смецця
tacho de basura
посудамыйная машына
lavaplatos

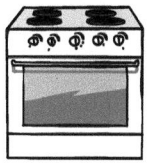

пліта

cocina

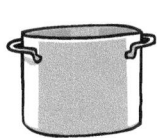

рондаль

olla

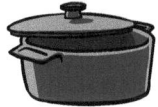

чыгунок

olla de hierro fundido

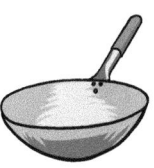

Вок / кадаі

wok

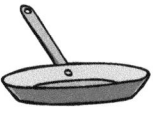

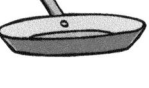

патэльня

sartén

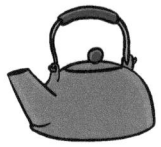

чайнік

pava

параварка

vaporera

бляха

bandeja de horno

посуд

vajilla

кубак

taza

міска

bol

палачкі для ежы

palitos

чарпак

cucharón

лапатачка

estpátula

збівалка

batidora

сіта для варэння

colador

сіта

colador

тарка

rallador

ступка

mortero

грыль

parrilla

вогнішча

fogata

дошка

tabla de picar

качалка

palo de amasar

штопар

sacacorchos

бляшанка

lata

адкрывалка

abrelatas

прыхваткі

manopla

ракавіна

pileta

шчотка

cepillo

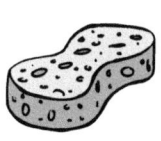

губка

esponja

міксер

batidora

маразільная камера

congelador

бутэлечка

mamadera

вадаправодны кран

canilla

ванная

baño

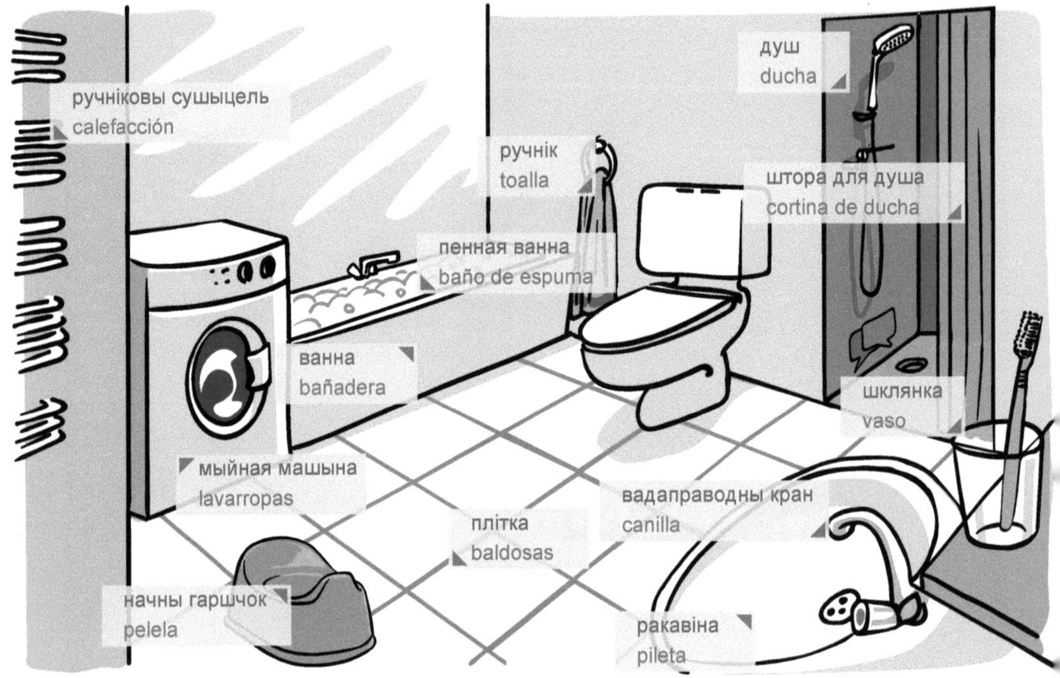

душ
ducha
ручніковы сушыцель
calefacción
ручнік
toalla
штора для душа
cortina de ducha
пенная ванна
baño de espuma
ванна
bañadera
шклянка
vaso
мыйная машына
lavarropas
вадаправодны кран
canilla
плітка
baldosas
начны гаршчок
pelela
ракавіна
pileta

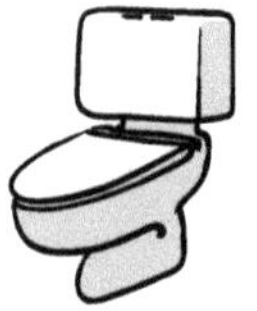

туалет

inodoro

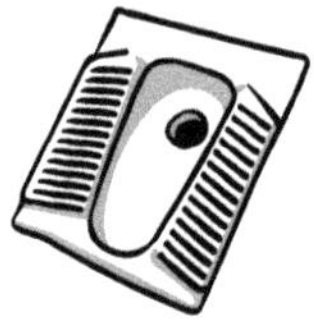

падлогавы ўнітаз

letrina

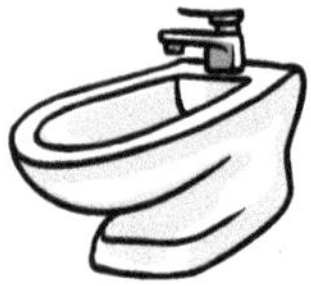

бідэ

bidé

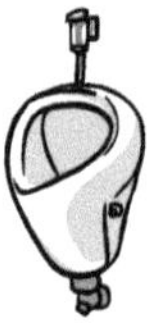

пісуар

mingitorio

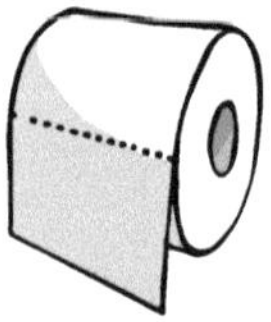

туалетная папера

papel higiénico

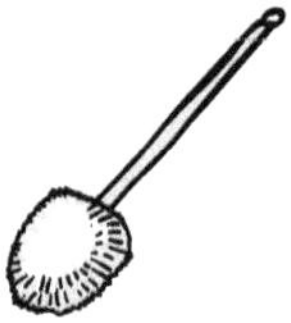

шчотка для чысткі ўнітаза

cepillo para el inodoro

зубная шчотка

cepillo de dientes

зубная паста

dentífrico

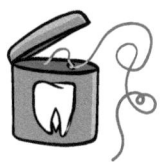

зубная нітка

hilo dental

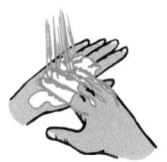

мыць

lavar

ручны душ

ducha de mano

інтымны душ

ducha higiénica

умывальнік

palangana

шчотка для спіны

cepillo para espalda

мыла

jabón

гель для душа

gel de ducha

шампунь

shampoo

вяхотка

toallita

вадасцёк

desagüe

крэм

crema

дэзадарант

desodorante

люстэрка

espejo

касметычнае люстэрка

espejito

станок для галення

maquinita de afeitar

пена для галення

espuma de afeitar

ласьён пасля галення

aftershave

грэбень

peine

шчотка

cepillo

фен

secador de pelo

лак для валасоў

spray

касметыка

maquillaje

памада

lápiz de labios

лак для пазногцяў

esmalte para uñas

вата

algodón

манікюрныя нажніцы

tijera para uñas

духі

perfume

касметычка

portacosméticos

табурэтка

banqueta

вагі

balanza

лазневы халат

bata

санітарныя пальчаткі

guantes de goma

тампон

tampón

гігіенічныя пракладкі

toallita femenina

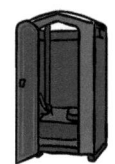

біятуалет

baño químico

дзіцячы пакой

cuarto de los chicos

будзільнік
despertador
мяккая цацка
peluche
цацачная машынка
coche de juguete
бразготка
sonajero
лялечны домік
casa de muñecas
падарунак
regalo

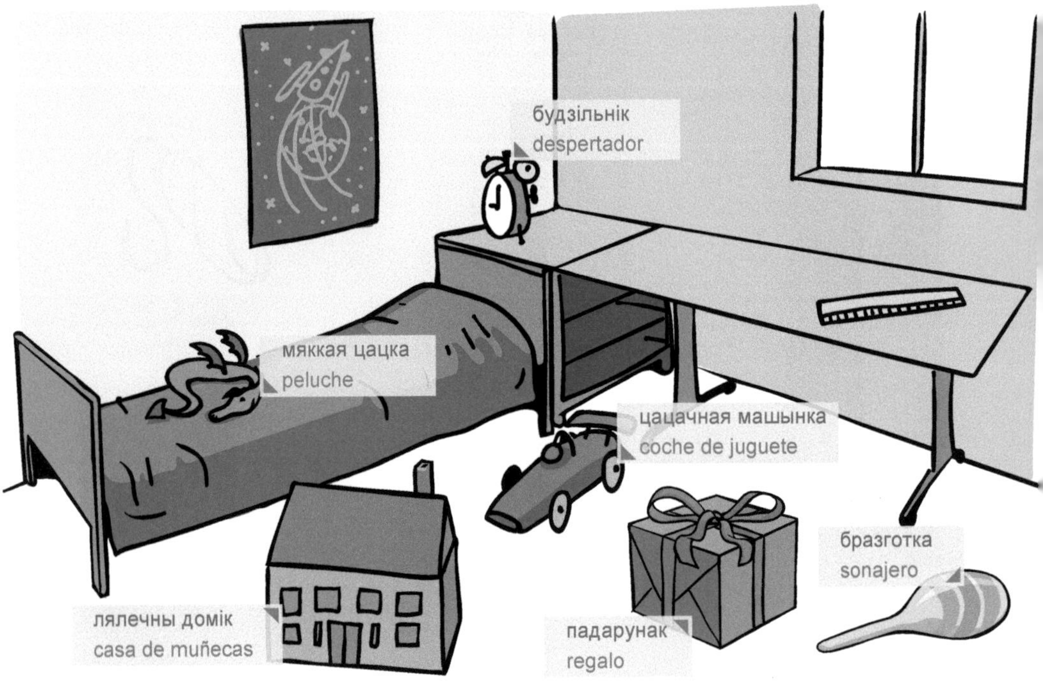

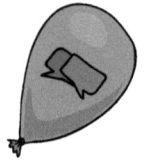

надзіманы шарык

globo

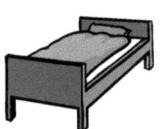

ложак

cama

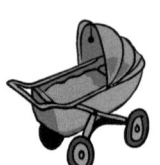

дзіцячая каляска

cochecito

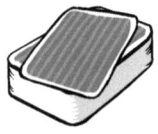

калода картаў

cartas

пазл

rompecabezas

SUPER
MEGA

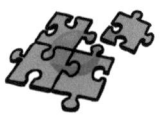

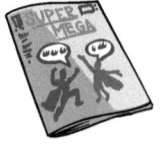

комікс

historieta

канструктар "Лега"

piezas de lego

канструктар

ladrillos de juguete

экшэн-фігурка

figura de acción

дзіцячы гарнітур

enterito (de bebé)

фрызбі

frisbee

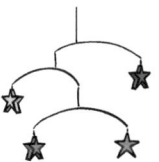

дзіцячы мабіль

móvil para bebés

настольная гульня

juego de mesa

кубік

dados

дзіцячая чыгунка

tren eléctrico

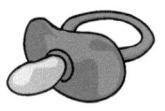

пустышка

chupete

дзіцячае свята

fiesta

кніга з малюнкамі

libro de cuentos ilustrado

мячык

pelota

лялька

muñeca

гуляцца

jugar

дзіцячы пакой - cuarto de los chicos

пясочніца

arenero

арэлі

hamaca

цацкі

juguetes

гульнявая відэа прыстаўка

consola de videojuegos

трохколавы ровар

triciclo

плюшавы мішка

osito de peluche

шафа

armario

адзенне

ropa

шкарпэткі

medias

панчохі

medias panty

калготкі

calzas

шалік
bufanda

парасон
paraguas

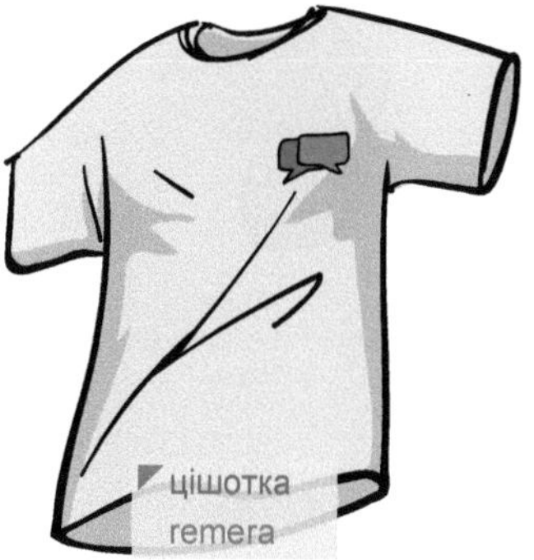

цішотка
remera

рамень
cinturón

боты
botas

пантоплі
pantuflas

красоўкі
zapatillas

сандалі
·············
sandalias

абутак
·············
zapatos

гумовыя боты
·············
botas de goma

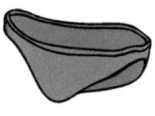

трусы
·············
ropa interior

бюстгальтар
·············
corpiño

майка
·············
chaleco

бодзі
body

штаны
pantalones

джынсы
jeans

спадніца
pollera

блузка
blusa

кашуля
camisa

джэмпер
pulóver

талстоўка
buzo

блэйзер
blazer

куртка
campera

паліто
tapado

дажджавік
piloto

касцюм
traje

сукенка
vestido

вясельная сукенка
vestido de novia

касцюм

traje

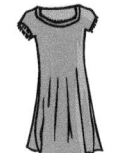

начная сарочка

camisón

піжама

pijama

сары

sari

хустка

pañuelo para cabeza

цюрбан

turbante

паранджа

burka

каптан

caftán

Абая

abaya

купальнік

traje de baño

плаўкі

short de baño

шорты

shorts

спартыўны касцюм

jogging

фартух

delantal

пальчаткі

guantes

гузік
....
botón

акуляры
....
anteojos

бранзалет
....
pulsera

каралі
....
collar

кальцо
....
anillo

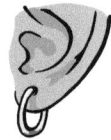

завушніца
....
aro

кепка
....
gorra

вешалка
....
percha

капялюш
....
sombrero

гальштук
....
corbata

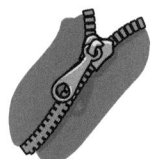

маланка
....
cierre

шлем
....
casco

падцяжкі
....
tiradores

школьная форма
....
uniforme escolar

уніформа
....
uniforme

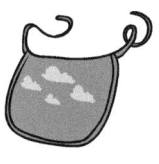

нагруднік
babero

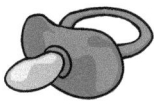

пустышка
chupete

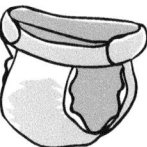

падгузнік
pañal

офіс
oficina

сервер
servidor
канцылярская шафа
archivero
папера
papel
прынтэр
impresora
манітор
monitor
мыш
mouse
пісьмовы стол
escritorio
тэчка
carpeta
клавіятура
teclado
смеццевы кошык
tacho (de basura)
кампутар
computadora
крэсла
silla

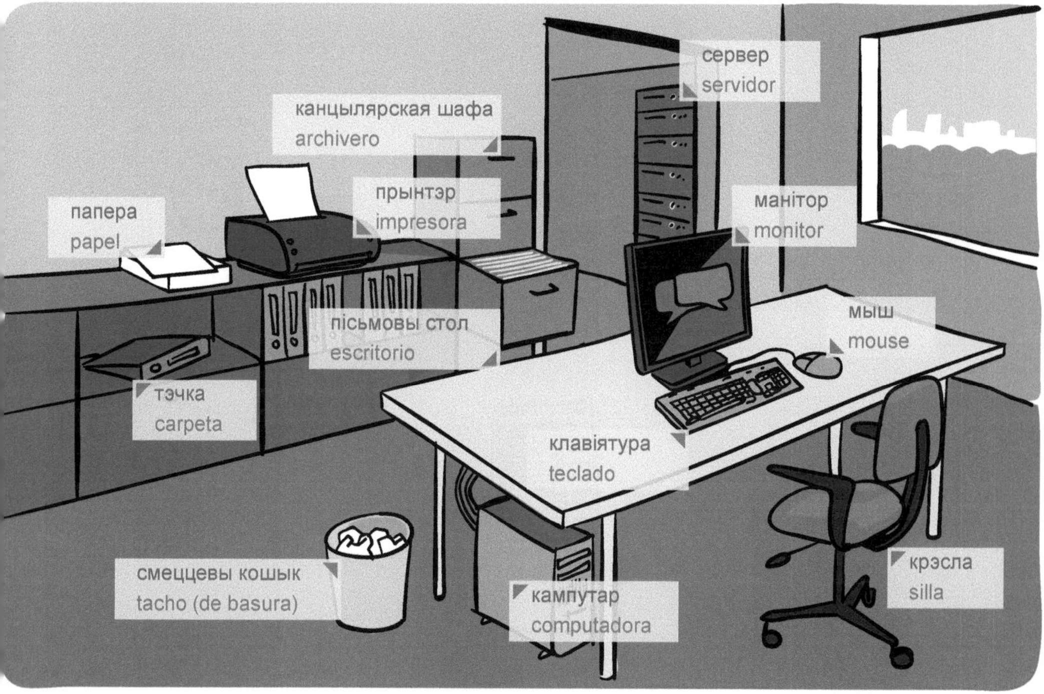

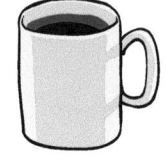

кубак для кавы (філіжанка)
taza de café

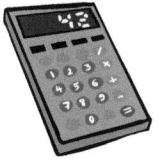

калькулятар
calculadora

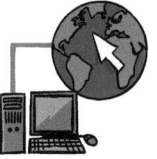

інтэрнэт
internet

ноўтбук

laptop

ліст

carta

паведамленне

mensaje

мабільны тэлефон

celular

сетка

red

ксеракс

fotocopiadora

праграмнае забеспячэнне

software

тэлефон

teléfono

разетка

tomacorriente

факс

fax

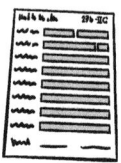

фармуляр

formulario

дакумент

documento

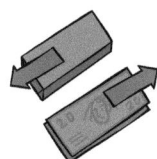

купляць

comprar

плаціць

pagar

гандляваць

hacer negocios

грошы

dinero

долар

dólar

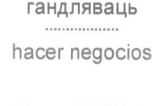

еўра

euro

ена

yen

рубель

rublo

франк

franco suizo

кітайскі юань

yuan

рупія

rupia

банкамат

cajero automático

абменны пункт

casa de cambio

золата

oro

срэбра

plata

нафта

petróleo

энергія

energía

цана

precio

кантракт

contrato

падатак

impuesto

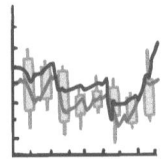

акцыя

acción

працаваць

trabajar

служачы

empleado

працадаўца

empleador

фабрыка

fábrica

крама

negocio

прафесіі
ocupaciones

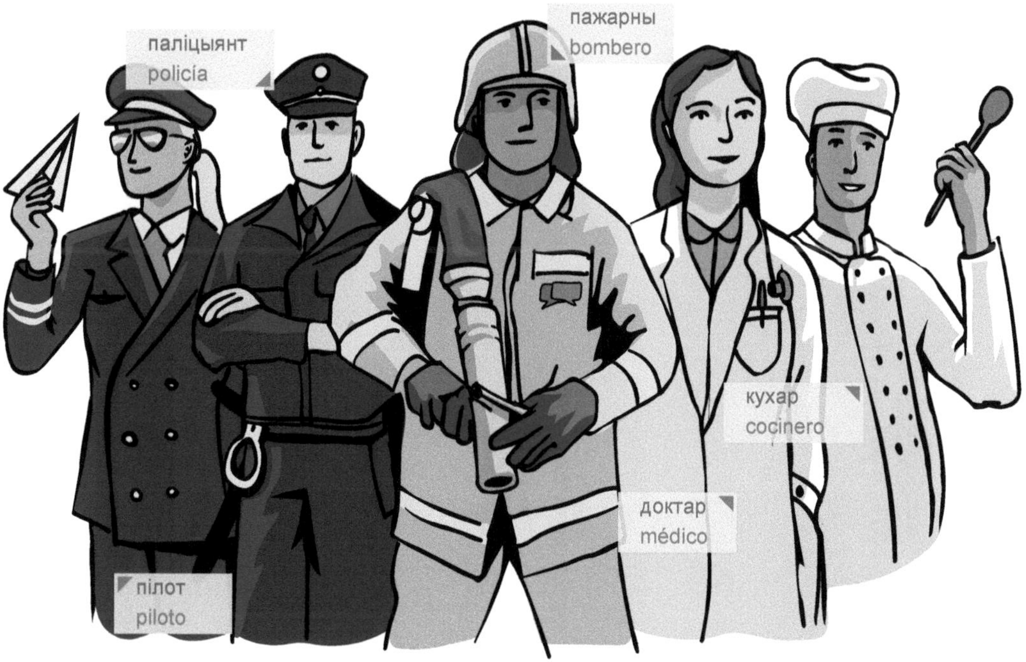
паліцыянт
policía
пажарны
bombero
кухар
cocinero
доктар
médico
пілот
piloto

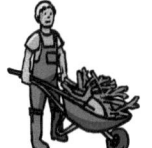

садоўнік

jardinero

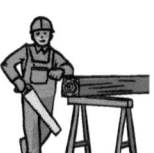

слесар

carpintero

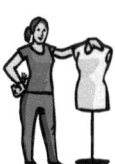

швачка

modista

суддзя

juez

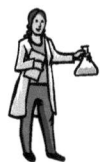

хімік

farmacéutico

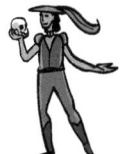

артыст

actor

кіроўца аўтобуса

colectivero

таксіст

taxista

рыбак

pescador

прыбіральшчыца

mucama

страхар

techista

афіцыянт

mozo

паляўнічы

cazador

мастак

pintor

пекар

panadero

электрык

electricista

будаўнік

albañil

інжынер

ingeniero

мяснік

carnicero

сантэхнік

plomero

паштальён

cartero

салдат

soldado

архітэктар

arquitecto

касір

cajero

фларыст

florista

цырульнік

peluquero

кандуктар

cobrador

механік

mecánico

капітан

capitán

стаматолаг

dentista

вучоны

científico

рабін

rabino

імам

imán

манах

monje

святар

sacerdote

інструменты

herramientas

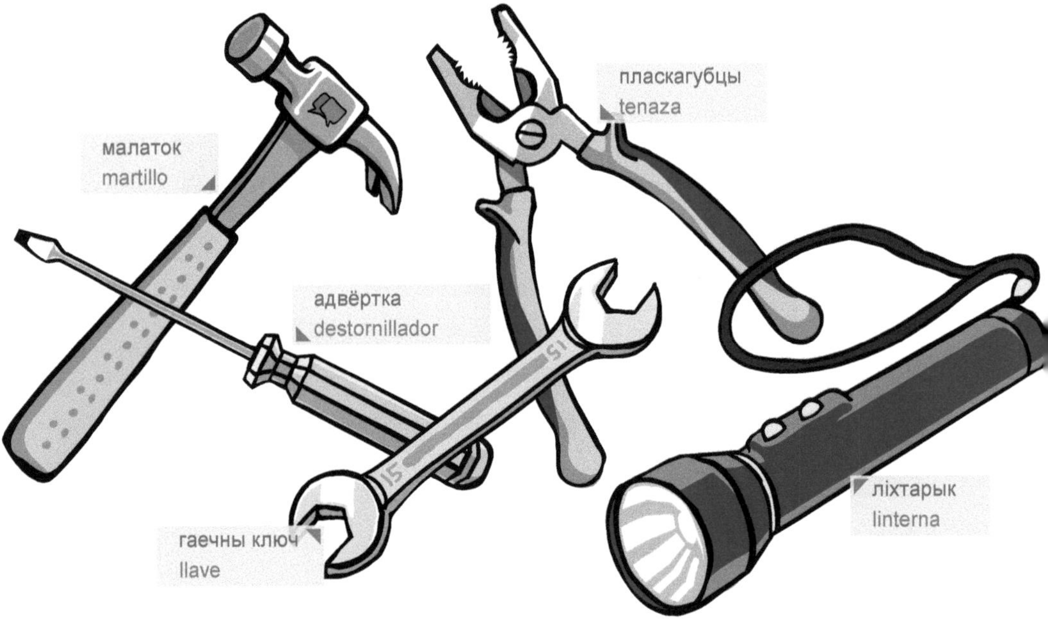

малаток
martillo
пласкагубцы
tenaza
адвёртка
destornillador
гаечны ключ
llave
ліхтарык
linterna

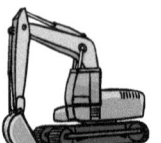

экскаватар

excavadora

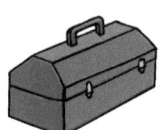

скрыня для інструментаў

caja de herramientas

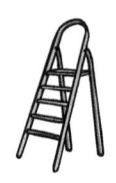

дравіны

escalera portátil

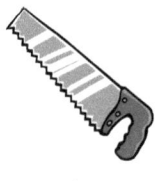

піла

sierra

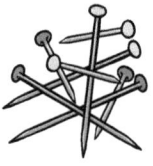

цвікі

clavos

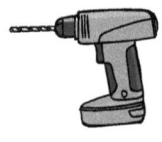

дрыль

taladro

рамантаваць

arreglar

рыдлеўка

pala de jardín

Халера!

¡Qué bronca!

шуфлік для смецця

pala de plástico

вядро з фарбаю

tacho de pintura

балты

tornillos

музычныя інструменты

instrumentos musicales

ударны інструмент
batería

калонкі
parlante

гітара
guitarra

кантрабас
contrabajo

труба
trompeta

піяніна

piano

скрыпка

violín

басгітара

bajo

літаўры

timbales

барабан

tambor

клавішны электрамузычны інструмент

teclado

саксафон

saxofón

флейта

flauta

мікрафон

micrófono

заапарк

zoológico

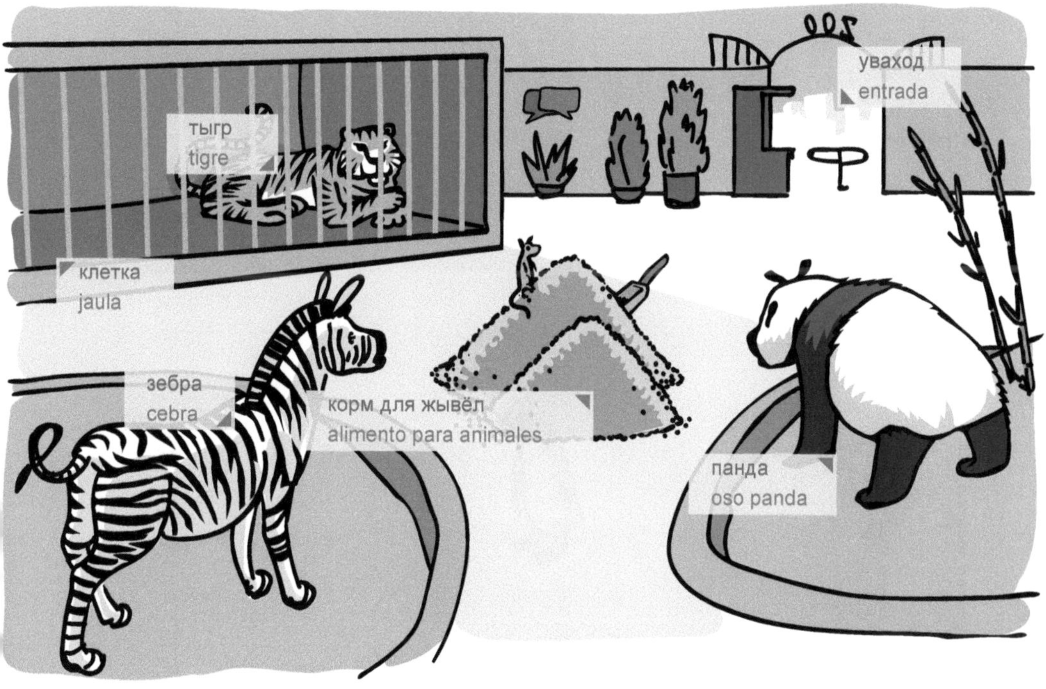

тыгр
tigre
увахад
entrada
клетка
jaula
зебра
cebra
корм для жывёл
alimento para animales
панда
oso panda

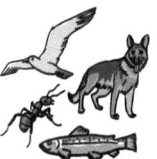

жывёлы

animales

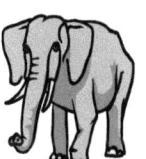

слон

elefante

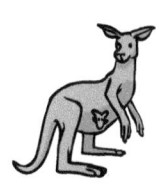

кенгуру

canguro

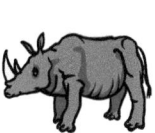

насарог

rinoceronte

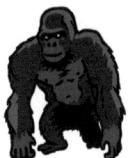

гарыла

gorila

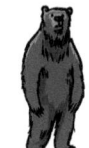

мядзведзь

oso

вярблюд

camello

стравус

avestruz

леў

león

малпа

mono

фламінга

flamenco

папугай

loro

белы мядзведзь

oso polar

пінгвін

pingüino

акула

tiburón

паўлін

pavo real

змяя

serpiente

кракадзіл

cocodrilo

наглядчык заапарка

cuidador del zoológico

цюлень

foca

ягуар

jaguar

поні

poni

леапард

leopardo

бегемот

hipopótamo

жыраф

jirafa

арол

águila

дзік

jabalí

рыбак

pescado

чарапаха

tortuga

морж

morsa

ліса

zorro

газель

gacela

амерыканскі футбол
fútbol americano

веласпорт
ciclismo

тэніс
tenis

баскетбол
básquet

плаванне
natación

бокс
boxeo

хакей з шайбай
hockey sobre hielo

футбол
fútbol

бадмінтон
bádminton

лёгкая атлетыка
atletismo

гандбол
handball

горныя лыжы
esquí

пола
polo

дзейнасць
actividades

смяяцца
reír
скакаць
saltar
абдымаць
abrazar
ісці
caminar
спяваць
cantar
марыць
soñar
маліцца
rezar
цалаваць
besar

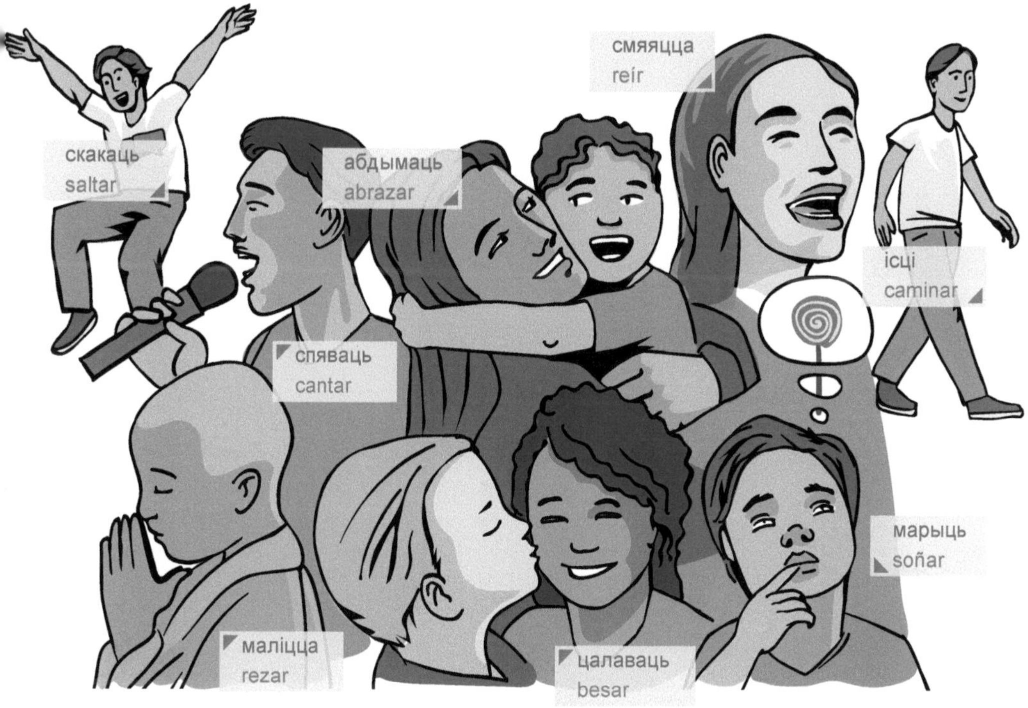

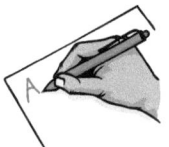

пісаць
escribir

маляваць
dibujar

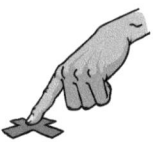

паказваць
mostrar

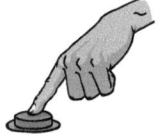

націснуць
presionar

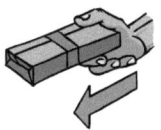

даваць
dar

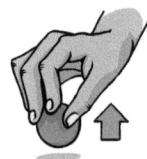

браць
tomar

мaць

tener

выконваць

hacer

быць

ser

стаяць

estar parado

бегчы

correr

цягнуць

tirar

кідаць

tirar

падаць

caer

ляжаць

estar acostado

чакаць

esperar

насіць

llevar

сядзець

estar sentado

апранацца

vestirse

спаць

dormir

прачынацца

despertar

глядзець

mirar

плакаць

llorar

лашчыць

acariciar

прычэсвацца

peinar

гаварыць

hablar

разумець

entender

пытаць

preguntar

чуць

escuchar

піць

beber

есці

comer

прыбіраць

ordenar

кахаць

amar

гатаваць

cocinar

ехаць

manejar

лятаць

volar

дзейнасць - actividades

плаваць пад ветразем

navegar

лічыць

calcular

чытаць

leer

вучыць

aprender

працаваць

trabajar

уступаць у шлюб

casarse

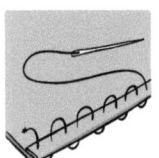

шыць

coser

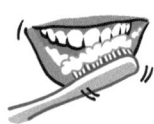

чысціць зубы

cepillarse los dientes

забіваць

matar

курыць

fumar

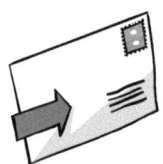

пасылаць

enviar

сям'я

familia

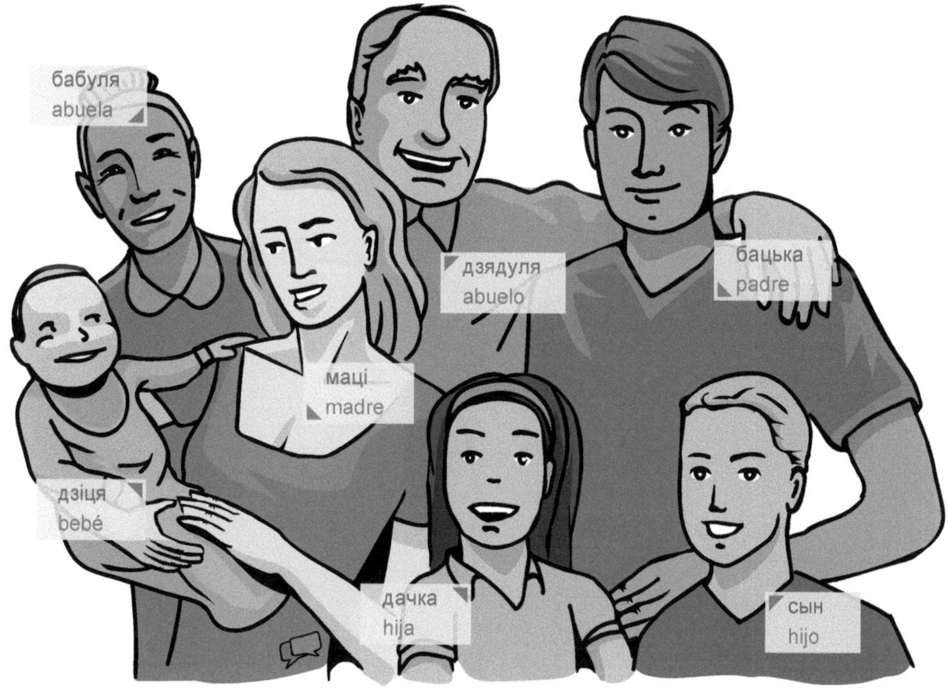
бабуля
abuela
дзядуля
abuelo
бацька
padre
маці
madre
дзіця
bebé
дачка
hija
сын
hijo

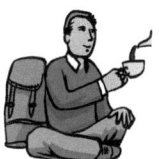

госць

invitado

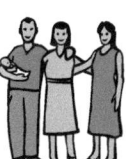

цётка

tía

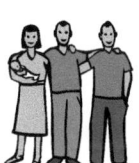

дзядзька

tío

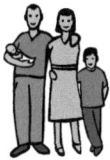

брат

hermano

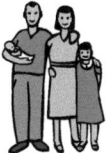

сястра

hermana

цела

cuerpo

лоб
frente
вока
ojo
плячо
hombro
палец
dedo
твар
cara
падбародак
pera
рука
mano
грудзі
pecho
нага
pierna
рука
brazo

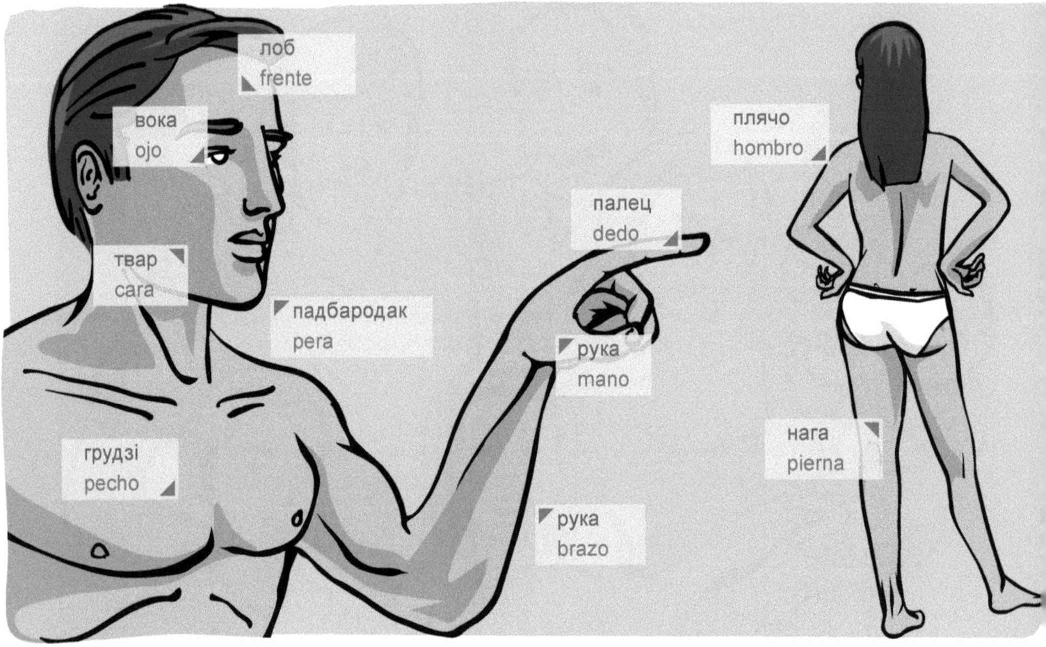

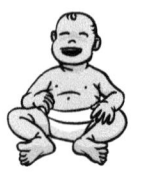

дзіця
bebé

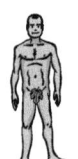

мужчына
hombre

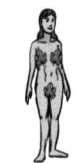

жанчына
mujer

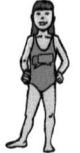

дзяўчынка
nena

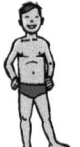

хлопчык
nene

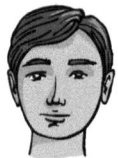

галава
cabeza

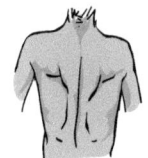

спіна

espalda

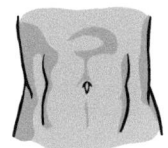

жывот

panza

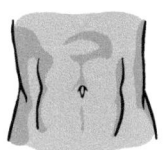

пуп

ombligo

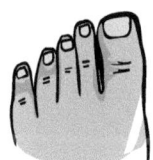

палец нагі

dedo del pie

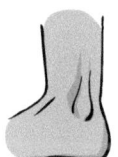

пятка

talón

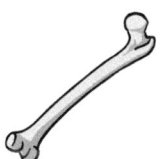

костка

hueso

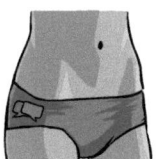

бядро

cadera

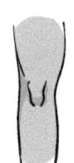

калена

rodilla

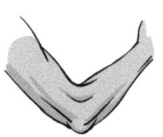

локаць

codo

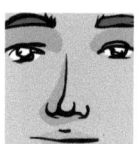

нос

nariz

ягадзіца

cola

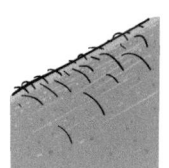

скура

piel

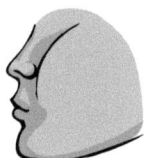

шчака

cachete

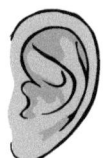

вуха

oreja

губа

labio

рот

boca

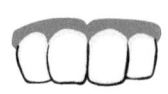

зуб

diente

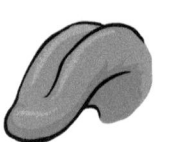

язык

lengua

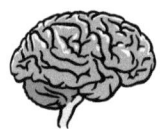

галаўны мозг

cerebro

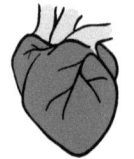

сэрца

corazón

мышца

músculo

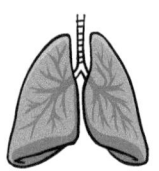

лёгкае

pulmón

пячонка

hígado

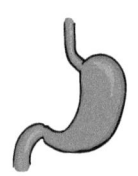

страўнік

estómago

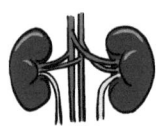

ныркі

riñones

сэкс

sexo

прэзерватыў

preservativo

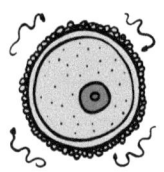

яйцаклетка

óvulo

сперма

semen

цяжарнасць

embarazo

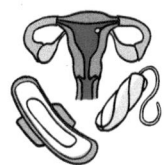

менструацыя

menstruación

похва

vagina

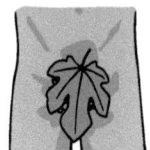

пеніс

pene

брыво

ceja

валасы

pelo

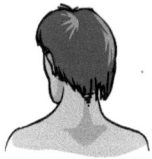

шыя

cuello

шпіталь
hospital

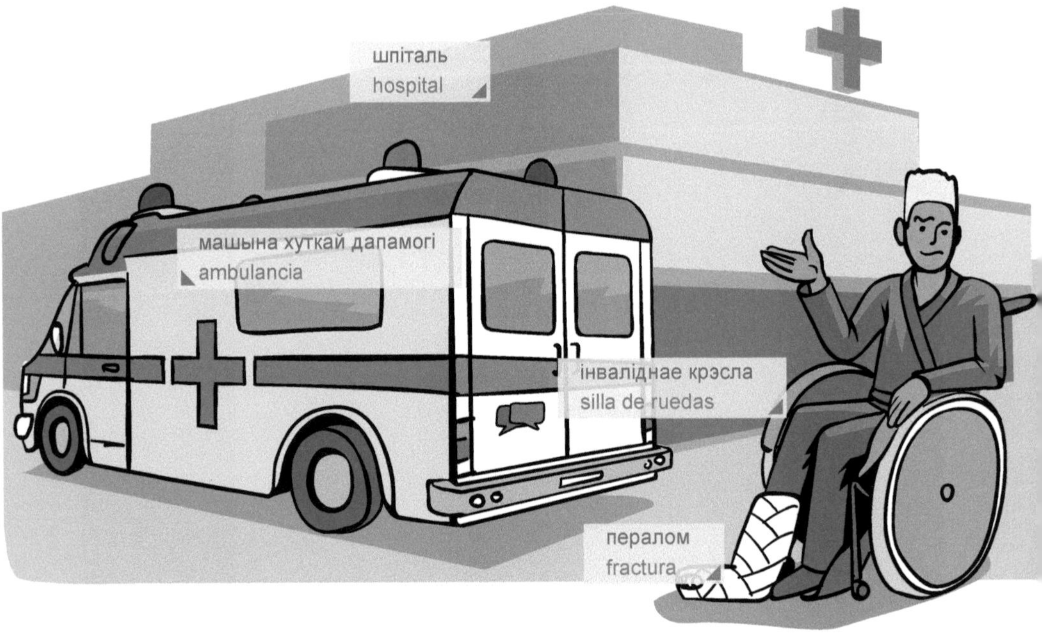

шпіталь
hospital
машына хуткай дапамогі
ambulancia
інваліднае крэсла
silla de ruedas
пералом
fractura

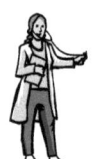

доктар

médico

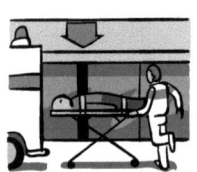

аддзяленне першай дапамогі

sala de guardia

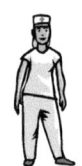

медсястра

enfermera

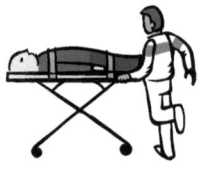

экстраная дапамога

emergencia

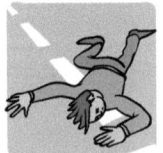

непрытомны

inconsciente

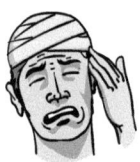

боль

dolor

траўма

lesión

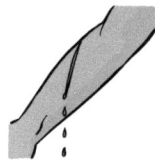

крывацёк

hemorragia

інфаркт

infarto

апаплексія

ACV

алергія

alergia

кашаль

tos

гарачка

fiebre

грып

gripe

панос

diarrea

галаўны боль

dolor de cabeza

рак

cáncer

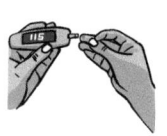

дыябет

diabetes

хірург

cirujano

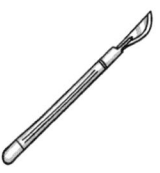

скальпель

bisturí

аперацыя

operación

КТ

TC

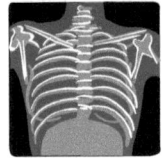

рэнтген

rayos x

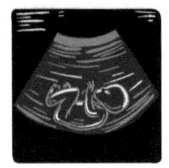

ультрагук

ecografía

маска

barbijo

хвароба

enfermedad

пачакальня

sala de espera

мыліца

muleta

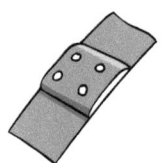

пластыр

curita

бінт

venda

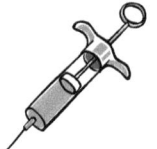

ін'екцыя

inyección

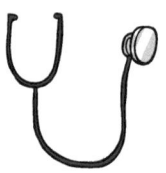

стэтаскоп

estetoscopio

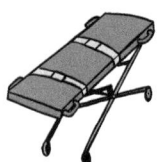

насілкі

camilla

градуснік

termómetro

нараджэнне

nacimiento

лішняя вага

sobrepeso

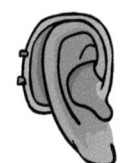

слухавы апарат

audífono

дэзінфекцыйны сродак

desinfectante

інфекцыя

infección

вірус

virus

ВІЧ/СНІД

VIH / SIDA

лекі

remedio

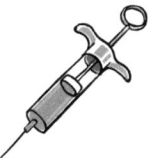

прышчэпка

vacunación

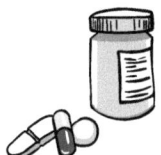

таблеткі

comprimidos

супрацьзачаткавая таблетка

pastilla anticonceptiva

экстраны выклік

llamada de emergencia

танометр

tensiómetro

хворы / здаровы

enfermo / sano

Ратуйце!

¡Ayuda!

сігналізацыя

alarma

напад

agresión

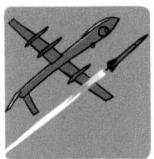

атака

ataque

небяспека

peligro

аварыйны выхад

salida de emergencia

Пажар!

¡Fuego!

вогнетушыцель

matafuego

аварыя

accidente

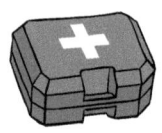

аптэчка

botiquín de primeros
auxilios

СОС

SOS

паліцыя

policía

Еўропа

Europa

Паўночная Амерыка

América del Norte

Паўднёвая Амерыка

América del Sur

Афрыка

África

Азія

Asia

Аўстралія

Australia

Атлантычны акіян

Atlántico

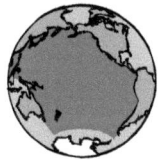

Ціхі акіян

Pacífico

Індыйскі акіян

Océano Índico

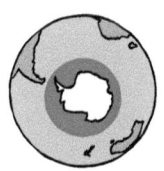

Паўднёвы ледавіты акіян

Océano Antártico

Паўночны ледавіты акіян

Océano Ártico

Паўночны полюс

polo norte

Паўднёвы полюс

polo sur

Антарктыда

Antártida

Зямля

Tierra

краіна

tierra

мора

mar

востраў

isla

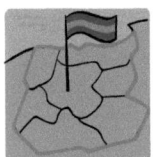

нацыя

nación

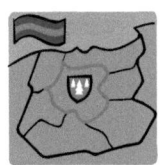

дзяржава

estado

цыферблат

esfera

гадзінная стрэлка

manecilla de las horas

хвілінная стрэлка

minutero

секундная стрэлка

segundero

Колькі часу?

¿Qué hora es?

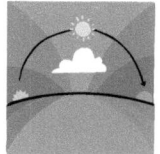

дзень

día

час

hora

зараз

ahora

электронны гадзіннік

reloj digital

хвіліна

minuto

гадзіна

hora

панядзелак
lunes

серада
miércoles

пятніца
viernes

MO
W
FR
TU
TH
SA
SO

субота
sábado

аўторак
martes

чацвер
jueves

нядзеля
domingo

ўчора

ayer

сёння

hoy

заўтра

mañana

раніца

mañana

абед

mediodía

вечар

tarde

MO	TU	WE	TH	FR	SA	SU
1	2	3	4	5	6	7
8	9	10	11	12	13	14
15	16	17	18	19	20	21
22	23	24	25	26	27	28
29	30	31	1	2	3	4

працоўныя дні

días hábiles

MO	TU	WE	TH	FR	SA	SU
1	2	3	4	5	6	7
8	9	10	11	12	13	14
15	16	17	18	19	20	21
22	23	24	25	26	27	28
29	30	31	1	2	3	4

выхадныя

fin de semana

год

año

дождж
lluvia
вясёлка
arco iris
снег
nieve
вецер
viento
вясна
primavera
восень
otoño
лета
verano
зіма
invierno

4.APRIL 11°
5.APRIL 4°
6.APRIL 13°
7.APRIL 8°
8.APRIL 10°

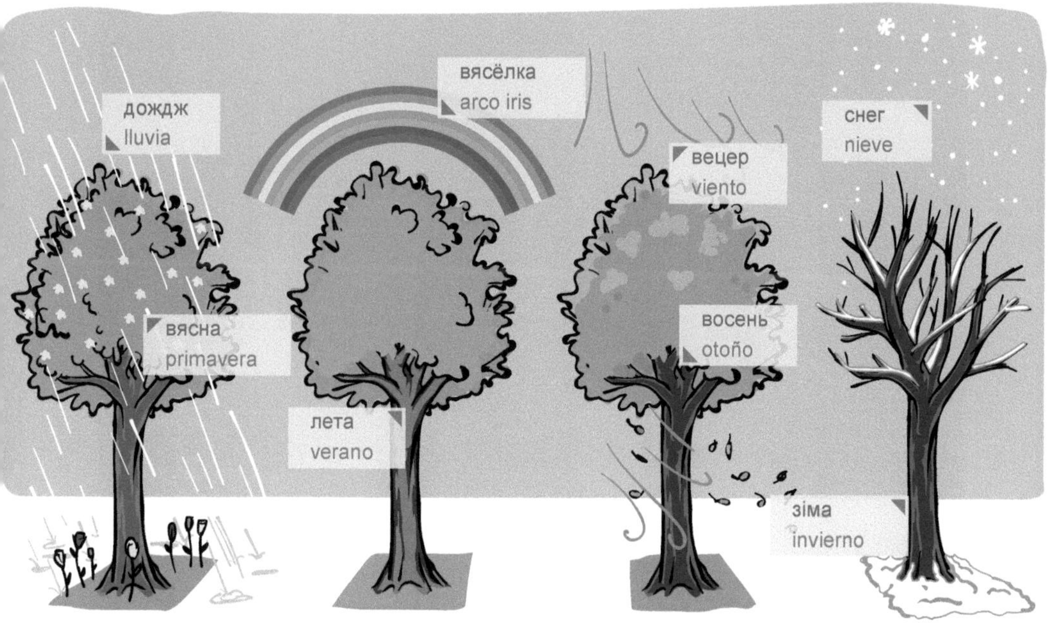

прагноз надвор'я

pronóstico meteorológico

F C
120 40
90 30
60 20
30 10
0 0
-30 -10
-20

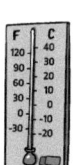

градуснік

termómetro

сонечнае святло

luz del sol

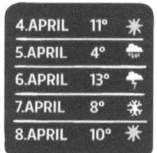

воблака

nube

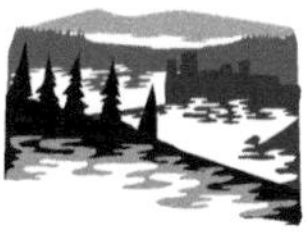

туман

niebla

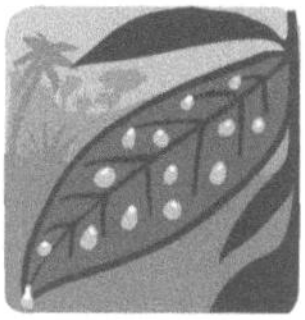

вільготнасць паветра

humedad

маланка

rayo

гром

trueno

бура

tormenta

град

granizo

мусонны вецер

monzón

прыліў

inundación

лёд

hielo

студзень

enero

люты

febrero

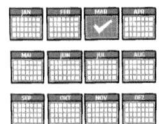

сакавік

marzo

красавік

abril

май

mayo

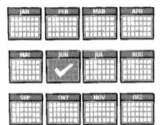

чэрвень

junio

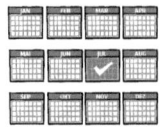

ліпень

julio

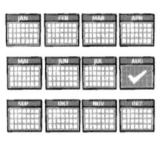

жнівень

agosto

верасень
....
septiembre

кастрычнік
....
octubre

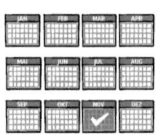

лістапад
....
noviembre

снежань
....
diciembre

формы
formas

круг
....
círculo

квадрат
....
cuadrado

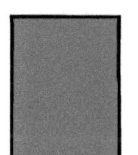

прамавугольнік
....
rectángulo

трохвугольнік
....
triángulo

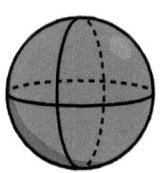

шар
....
esfera

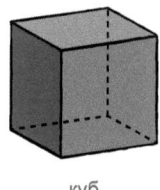

куб
....
cubo

белы

blanco

жоўты

amarillo

аранжавы

naranja

ружовы

rosa

чырвоны

rojo

фіялетавы

violeta

сіні

azul

зялёны

verde

карычневы

marrón

шэры

gris

чорны

negro

шмат / мала

mucho / poco

злы / добры

enojado / tranquilo

прыгожы / брыдкі

lindo / feo

пачатак / канец

principio / fin

высокі / малы

grande / chico

светлы / цёмны

claro / oscuro

сястра / брат

hermano / hermana

чысты / брудны

limpio / sucio

поўны / няпоўны

completo / incompleto

дзень / ноч

día / noche

мёртвы / жывы

muerto / vivo

шырокі / вузкі

ancho / angosto

ядомы / неядомы

comestible / no comestible

злы / добры

malo / amable

узбуджаны / нудны

entusiasmado / aburrido

тоўсты / тонкі

gordo / flaco

першы / апошні

primero / último

сябар / вораг

amigo / enemigo

поўны / пусты

lleno / vacío

цвёрды / мяккі

duro / blando

важкі / лёгкі

pesado / liviano

голад / смага

hambre / sed

хворы / здаровы

enfermo / sano

нелегальны / легальны

ilegal / legal

разумны / дурны

inteligente / estúpido

левы / правы

izquierda / derecha

побач / далёка

cerca / lejos

новы / былы ва ўжыванні

nuevo / usado

нічога / нешта

nada / algo

стары / малады

viejo / joven

укл / выкл

encendido / apagado

адчынены / зачынены

abierto / cerrado

ціхі / гучны

silencioso / ruidoso

багаты / бедны

rico / pobre

правільна / няправільна

correcto / incorrecto

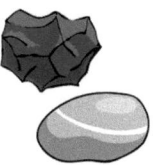

шурпаты / гладкі

áspero / suave

сумны / шчаслівы

triste / contento

кароткі / доўгі

corto / largo

павольны / хуткі

lento / rápido

вільготны / сухі

mojado / seco

цёплы / халаднаваты

caliente / frío

вайна / мір

guerra / paz

супрацьлегласці - opuestos

0

нуль

cero

1

адзін

uno

2

два

dos

3

тры

tres

4

чатыры

cuatro

5

пяць

cinco

6

шэсць

seis

7

сем

siete

8

восем

ocho

9

дзевяць

nueve

10

дзесяць

diez

11

адзінаццаць

once

12

дванаццаць

doce

13

трынаццаць

trece

14

чатырнаццаць

catorce

15

пятнаццаць

quince

16

шаснаццаць

dieciséis

17

сямнаццаць

diecisiete

18

васямнаццаць

dieciocho

19

дзевятнаццаць

diecinueve

20

дваццаць

veinte

100

сто

cien

1.000

тысяча

mil

1.000.000

мільён

millón

англійская

inglés

англійская (Амерыка)

inglés americano

кітайская мандарынская

chino mandarín

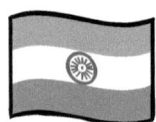

хіндзі

hindi

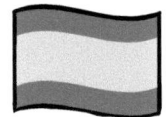

іспанская

español

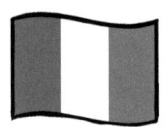

французская

francés

арабская

árabe

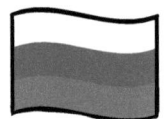

руская

ruso

партугальская

portugués

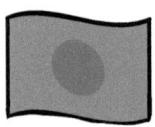

бенгальская

bengalí

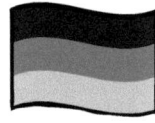

нямецкая

alemán

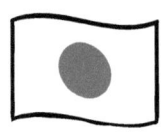

японская

japonés

я

yo

ты

vos

ён / яна / яно

él / ella

мы

nosotros

вы

ustedes

яны

ellos

хто?

¿quién?

што?

¿qué?

як?

¿cómo?

дзе?

¿dónde?

калі?

¿cuándo?

імя

nombre

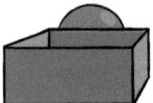

за
....
detrás

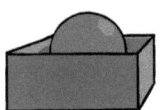

у
....
en

перад
....
adelante de

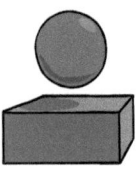

над
....
por encima de

на
....
sobre

пад
....
debajo de

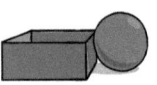

каля
....
al lado de

паміж
....
entre

месца
....
lugar